Inhalt

Verbriefungen - wann setzen sie sich in Deutschland durch?

Verbriefungen - wann setzen sie sich in Deutschland durch?

Autor GENIOS BranchenWissen: G.Dengl

Kernthesen

- Die Verbriefung von Forderungen kann den Zweck haben, lediglich das Risiko an den Kapitalmarkt zu übertragen (synthetische Verbriefung) oder die Forderungen komplett abzutreten (True Sale), um so einen zusätzlichen Liquiditätsgewinn zu realisieren.
- Innerhalb von Europa ist Großbritannien im Hinblick auf das Volumen der verbrieften Forderungen führend. Deutschland ist seit 2005 erstmalig die Nummer Fünf in Europa das Produkt kommt erst langsam in Fahrt.
- Ein Grund für die vergleichsweise langsame

Entwicklung ist das Vorhandensein einer attraktiven Alternative: der in Deutschland seit langem etablierte Pfandbrief hat aus Investorensicht bestimmte Vorteile gegenüber der Verbriefung.

- Ein wesentlicher Impuls für die Ausweitung des Verbriefungsvolumens könnte von der öffentlichen Hand ausgehen. Ansatzpunkte für den sinnvollen Einsatz gibt es bereits.

Beitrag

Das Instrument der Verbriefung kommt bei all seinen Vorteilen in Deutschland erst langsam in Gang; ist die Alternative des Pfandbriefs langfristig zu verlockend, oder kommt der entscheidende Impuls über Verbriefungen der öffentlichen Hand?

Wozu Verbriefungen und welche Arten gibt es?

Bei einer Verbriefung - auch als "Asset Backed Securities (ABS) im weiteren Sinne" bezeichnet - werden Pools von Assets, z.B. Forderungen aus Kreditgeschäften, handelbar gemacht. Grundsätzlich gibt es zwei Varianten zu unterscheiden.

1) Bei der True-Sale-Variante werden die Assets an eine Zweckgesellschaft verkauft (Special Purpose Vehicle, SPV), welche den Kaufpreis durch die Emission von (tranchierten) Schuldverschreibungen am Kapitalmarkt finanziert. Die so emittierten Wertpapiere sind durch die übertragenen Forderungen besichert.
2) Bei der synthetischen Verbriefung wird lediglich das Risiko aus der Forderung an eine Zweckgesellschaft verkauft und über ein Derivat auf dem Kapitalmarkt platziert.
Bei beiden Varianten kann die administrative Bearbeitung der Forderungen, bei Krediten beispielsweise die Überwachung der vereinbarten Rückzahlungen und Mahnung bei Verzug, weiterhin bei dem Unternehmen bleiben, das die Verbriefung anstößt (Originator).
Der Hauptzweck der True Sale Verbriefung ist die Entlastung der Bilanz und die Zuführung von Liquidität, der Hauptzweck der synthetischen Verbriefung ist die gezielte Abgabe von Risiken an den Kapitalmarkt (dies hat gleichzeitig die Entlastung des aufsichtlichen Kapitals zur Folge). (1)

Abgrenzung: Verbriefung und

Forderungsverkauf

Von der Verbriefung zu unterscheiden ist der Portfolio- oder Forderungsverkauf, wie beispielsweise der Verkauf von notleidend gewordenen Forderungen (non-performing loans, NPL), für den es in der jüngeren Vergangenheit mehrere Beispiele in Deutschland gegeben hat. Beim Verkauf von Forderungen übernimmt der Käufer (in der Regel ein einziger Investor) ein komplettes Forderungspaket und bezahlt dafür einen vergleichsweise geringen Preis, d.h. deutlich weniger als den Buchwert der Forderungen. Der neue Investor übernimmt danach die vollständige Abwicklung der Forderungen, und muss das Paket seinerseits nicht gezwungenermaßen verbriefen. Hierbei handelt es sich nicht um eine Verbriefung, denn es steht nicht die Handelbarkeit dieser Forderungen im Vordergrund.
Der Forderungsverkauf ist jedoch für manche Unternehmen eine attraktive Alternative zu Verbriefungen, vor allem dann, wenn es sich um einen Einmal-Aufwand handelt. (1)

Welche Forderungen lassen sich verbriefen?

Grundsätzlich sind alle Forderungen verbriefbar. Aus wirtschaftlichen Überlegungen werden aber meist Forderungen mit stabilen und prognostizierbaren zukünftigen Zahlungsströmen verwendet. Nach der Art der zu Grunde liegenden Forderungen lassen sich Verbriefungen einteilen in:
- Mortgage Backed Securities (MBS): Forderungen aus privater und gewerblicher Baufinanzierung
- Collateralized Debt Obligations (CDO): Forderungen aus Krediten (Collateralised Loan Obligations, CLO) bzw. handelbaren Kreditprodukten (Collateralised Bond Obligation, CBO)
- ABS im engeren Sinn, z.B. Kreditkartenforderungen, Leasingforderungen, Handeslforderungen, Konsumentenkredite, etc.

Wichtig und allen gemeinsam ist, dass sich Verbriefungen insbesondere dann anbieten, wenn man konstanten Cash-Flows aus den zu Grunde liegenden Forderungen zu rechnen ist; es wundert deshalb wenig, dass insbesondere Verbriefungen von Baufinanzierungen am weitesten verbreitet sind. (9)

Verbriefungen sind keine besonders günstige Form der Finanzierung

Wenn eine Bank die Verbriefung als Finanzierungsform wählt, dann ist diese Entscheidung eine langfristige. Es lohnt sich kaum, die Kosten für Berater, Verbriefungssoftware, die Gründung einer Zweckgesellschaft und nicht zuletzt interne Kapazitäten zu tragen, um einmalig einen Teil des Portfolios zu verbriefen. Selbst wenn "Verbriefungsplattformen" von externen Anbietern wie beispielsweise der KfW zur Verfügung gestellt werden, ist es doch ein erheblicher Aufwand, das Portfolio so zu strukturieren, dass es am Kapitalmarkt platziert werden kann. (10)

ABS ist das kommende Produkt für den Mittelstand

Je weiter die unterstützende Informationstechnik ausreift, je sicherer der juristische Hintergrund für Verbriefungen wird und je mehr sich die Marktteilnehmer an die Idee von Verbriefungen gewöhnen, desto mehr wird es auch möglich sein, Verbriefung als "ganz normales" Produkt anzubieten. Für Banken wird sich hier zunehmend eine Möglichkeit bieten, insbesondere auf Mittelständler zuzugehen, und ihnen das Produkt Verbriefung als Finanzierungsalternative anzubieten. Nachdem

Banken immer mehr Erfahrungen mit diesem Finanzierungsinstrument aufbauen, wird es auch möglich, kostengünstig kleinvolumige Portfolien zu übernehmen und am Kapitalmarkt zu platzieren. (11)

Verbriefungen in Deutschland und Europa

Die Zahlen über die verbrieften Volumina zeigen (siehe "Facts & Figures"), dass Deutschland innerhalb von Europa nicht zu den Vorreitern zählt. Da das Instrument der Verbriefung wie viele andere Finanzinnovationen aus dem anglo-amerikanischen Raum stammt, überrascht es nicht, dass gerade Großbritannien seit Jahren Spitzenreiter ist. Mit großem Abstand folgen Spanien, Italien und die Niederlande; Deutschland kann erst seit 2005 ein nennenswertes Volumen aufweisen und nimmt damit innerhalb von Europa Platz fünf ein. Das Jahr 2006 verheißt jedoch bereits größere Steigerungsraten als bisher. (1), (6)

Der Pfandbrief - in Deutschland eine Alternative zur Verbriefung?

Der Pfandbrief hat in Deutschland eine lange Tradition. Er zählt zur Instrumentengruppe der Covered Bonds (gedeckte Schuldverschreibungen) und wurde immer wieder an die hohen Ansprüche der Investoren angepasst. Unabhängig ob es darum ging, ihn Europa-fähig zu machen (Aufhebung des Spezialbankenprinzips durch das neue Pfandbriefgesetz), oder um neue Investorengruppen mit den Jumbo-Pfandbriefenanzusprechen. Lediglich der Name ist gleich geblieben, und so wirkt das Instrument auf den ersten Blick vielleicht verstaubt, obwohl es das nicht ist.

Der Hauptunterschied zur Verbriefung von an sich vergleichbaren Forderungen aus Wohnungsbaukrediten besteht darin, dass das Kreditrisiko bei der Verbriefung an den Investor abgegeben wird, während es beim Pfandbrief bei der emittierenden Bank bleibt. Für Banken, die Pfandbriefe emittieren sind diese bei ansonsten gleichen Bedingungen gerade im Hinblick auf Basel II uninteressanter als eine Verbriefung, da kein Risikotransfer stattfinden, sondern lediglich Liquidität gewonnen wird. Genau das wiederum macht das Instrument aber für Investoren so attraktiv. Die Bonität der emittierenden Bank kann

immer noch viel zutreffender eingeschätzt werden, als die eines verbrieften Portfolios.
Selbst auf mittlere Sicht wird es deshalb in Deutschland ein Nebeneinander der beiden Produkte geben, und kein Entweder-Oder, zu verschieden sind die spezifischen Vor- und Nachteile, als dass ein Produkt das andere klar dominiert. (2)

Impulse durch die öffentliche Hand

Ein derzeitiges Trendthema in der Verbriefungsbranche ist die Frage, inwiefern die öffentliche Hand vielleicht zu einer weiteren Ausweitung der verbrieften Volumina in Deutschland führen könnte. Haupteinsatzgebiet könnte das Schuldenmanagement des Bundes sein. Dabei ist von vornherein klar, dass künftige Verbriefungstransaktionen der öffentlichen Hand eine Reihe von Spezialthemen mit in die Überlegungen einbeziehen müssen, die bei privatwirtschaftlichen Verbriefungstransaktionen unbekannt sind (z.B. Einschränkungen aus dem Haushaltsrecht oder aus den Gemeindeordnungen). Dennoch könnte gerade vom Staat ein entscheidender Impuls ausgehen, der Verbriefungen

in Deutschland endgültig als das universelle Finanzinstrument bekannt macht, das es eigentlich ist. (3)
Ein weiteres für die öffentliche Hand attraktives Einsatzgebiet ist die Abgabe des Projektrisikos bei PPP-Projekten; PPP steht für Public-Private-Partnership und bezeichnet Projekte eines öffentlich-rechtlichen Auftraggebers, der die Durchführungsverantwortung und letztlich auch das Projektrisiko an private Anbieter abgibt. Geht es um die Frage der Finanzierung oder der Verlustabsicherung so eigenen sich hierzu besonders synthetische Verbriefungen, die die Risiken an den Kapitalmarkt transferieren bzw. die Liquidität stärken. (4)

Fallbeispiele

Dresdner Bank nutzt Plattform True Sale International

Mit der "RCLS-Transaktion" zur Verbriefung von Mittelstandskrediten hat die Dresdner Bank erstmals

die True-Sale-Verbriefungsplattform, True Sale Internation (TSI), genutzt. Gegründet wurde die Gesellschaft unter anderem von der Dresdner Bank selbst und der Kreditanstalt für Wiederaufbau (KfW) mit dem speziellen Ziel, einen Standard für die Durchführung von True Sale Transaktionen zu setzen. Das Gesamtvolumen dieser Transaktion umfasst ein Kreditportfolio von drei Milliarden Euro, das über vier Jahre am Kapitalmarkt refinanziert wird. (10)
Kleinere Transaktionen wurden bereits öfter über die Plattform TSI durchgeführt. (8), (7)

LBBW bündelt Schuldscheine

Die Landesbank Baden-Württemberg (LBBW) will in ihrem Schuldscheinprogramm Entry noch in diesem Herbst ein Portfolio aus Schuldscheindarlehen an Mittelständler verbriefen. Die Transaktion hat ein Volumen von ca. 400 Millionen Euro und eine Laufzeit von fünf Jahren. Die sich abzeichnende große Nachfrage wird von Firmensprechern u. a. darauf zurückgeführt, dass der Schuldschein den Firmen geläufiger sei als die Verbriefung, und sie ihn deshalb schneller einordnen könnten. (5)

Zahlen & Fakten

Entwickelte europäische Verbriefungsmärkte (Übersicht)

Land	Verbriefungs-gesetz	True Sale	Synthetisch
Österreich	nein	ja	ja
UK	nein	ja	ja
Finnland	nein	ja	nein
Frankreich	ja	ja	ja
Deutschland	nein	ja	ja
Irland	nein	ja	nein
Italien	ja	ja	ja
Niederlande	nein	ja	ja
Schweiz	nein	ja	ja
Spanien	ja	ja	nein
Portugal	ja	ja	ja

Quelle: DZ Bank

Entnommen aus: Zeitschrift für das gesamte Kreditwesen 19 vom 01.10.2006 (1)

True Sale Verbriefungen in Deutschland (in Milliarden Euro)

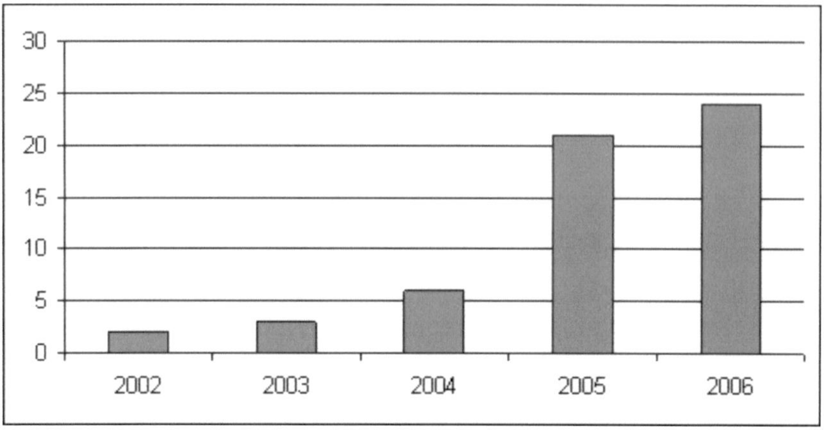

Anmerkung: Zahlen für 2006 sind hochgerechnet

Quelle: DZ Bank

Entnommen aus: Zeitschrift für das gesamte Kreditwesen 19 vom 01.10.2006 (1)

Verbriefungen in Europa (in Milliarden Euro)

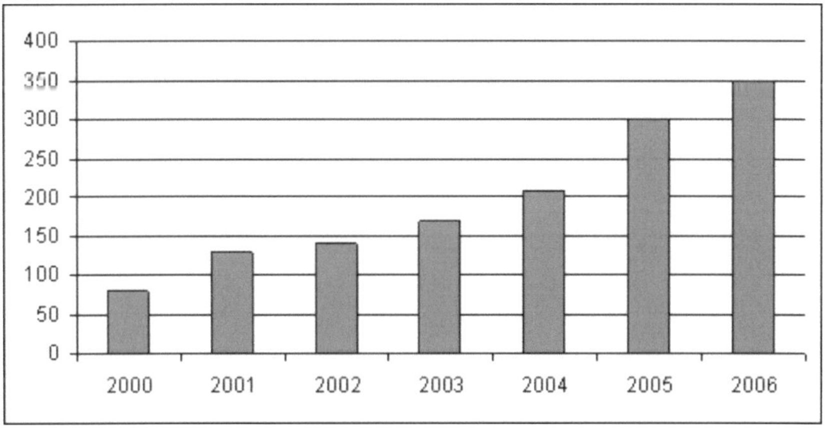

Anmerkung: Zahlen für 2006 sind hochgerechnet

Quelle: DZ Bank

Entnommen aus: Zeitschrift für das gesamte Kreditwesen 19 vom 01.10.2006 (1)

Weiterführende Literatur

(1) Der Markt für True-Sale-Verbriefungen in Deutschland und Europa
aus Zeitschrift für das gesamte Kreditwesen 19 vom 01.10.2006 Seite 1032

(2) Pfandbrief und MBS: Schluss mit den Vorurteilen!
aus Zeitschrift für das gesamte Kreditwesen 19 vom 01.10.2006 Seite 1045

(3) Öffentliche Haushalte und Verbriefung
aus Zeitschrift für das gesamte Kreditwesen 19 vom 01.10.2006 Seite 1047

(4) Public Private Partnerships und Verbriefung in Deutschland: Kapitalmarktfinanzierung nach britischem Vorbild
aus Zeitschrift für das gesamte Kreditwesen 19 vom 01.10.2006 Seite 1051

(5) LBBW bündelt Schuldscheine Mittelstandsverbriefung mit 400 Mio. Euro · Bank sucht Lösung für Mezzanine-Programm
aus Financial Times Deutschland vom 13.10.2006, Seite 22

(6) Verkauft, verpackt und verbrieft Der Kauf großer Wohnungspakete in Deutschland wird mehr und mehr durch Verbriefungen finanziert. Das Volumen dieser Finanzinstrumente ist kräftig gestiegen dsfgsd fs
aus Financial Times Deutschland vom 19.10.2006, Seite SA9

(7) TSI wickelt dritte Verbriefung ab
aus Financial Times Deutschland vom 29.09.2006, Seite 21

(8) VW Bank nutzt erneut TSI-Plattform ABS-Transaktion im Volumen von 1 Mrd. Euro
aus Börsen-Zeitung, 30.09.2006, Nummer 189, Seite 5

(9) Klassischer Festzinskredit und Verbriefung ergänzen sich Von Kannibalisierung konkurrierender Systeme kann keine Rede sein - Nicht alle Portfolien sind für Verbriefungstransaktionen geeignet
aus Börsen-Zeitung, 14.10.2006, Nummer 198, Seite B1

(10) ABS und Mittelstandsfinanzierung
aus Zeitschrift für das gesamte Kreditwesen 19 vom 01.10.2006 Seite 1058

(11) Die Bedeutung der Verbriefung für die mittelständische Wirtschaft
aus Zeitschrift für das gesamte Kreditwesen 19 vom 01.10.2006 Seite 1019

Impressum

Verbriefungen - wann setzen sie sich in Deutschland durch?

Bibliografische Information der deutschen Nationalbibliothek

Die Deutsche Nationalbibliothek verzeichnet diese Publikation in der deutschen Nationalbibliografie; detaillierte bibliografische Daten sind im Internet über http://dnb.d-nb.de abrufbar.

ISBN: 978-3-7379-2057-5

oder ähnliche Einrichtungen und die Einspeicherung und Verarbeitung in elektronischen Systemen.